M. LOUIS SERS

PRÉFET DU BAS-RHIN.

NOTICE BIOGRAPHIQUE

PAR

LOUIS SPACH

ARCHIVISTE DU DÉPARTEMENT DU BAS-RHIN.

STRASBOURG

TYPOGRAPHIE DE G. SILBERMANN.

1865.

M. LOUIS SERS

PRÉFET DU BAS-RHIN.

M. LOUIS SERS

PRÉFET DU BAS-RHIN.

———

NOTICE BIOGRAPHIQUE

PAR

LOUIS SPACH

ARCHIVISTE DU DÉPARTEMENT DU BAS-RHIN.

———

STRASBOURG

TYPOGRAPHIE DE G. SILBERMANN.

1865.

M. LOUIS SERS

PRÉFET DU BAS-RHIN.

Au moment d'écrire la notice biographique du préfet, dont le nom est porté en tête de ces lignes, je n'éprouve pas un médiocre embarras. Introduit, initié dans la vie administrative par M. Sers, honoré de sa confiance, et j'ai le droit d'ajouter, de son amitié, je cours le risque, en mêlant l'éloge à mon appréciation de l'homme et de l'administrateur, d'être accusé de partialité ; je me trouve presque dans la position d'un fils ou du moins d'un parent par alliance; cependant il me semblerait dur de ne pas remplir un devoir de reconnaissance, pour échapper à des appréhensions peut-être gratuites et en tout cas puériles. Plus d'une fois déjà le nom d'un ami s'est trouvé sous ma plume, et, tout en honorant la mémoire de ceux que j'aimais pendant leur vie, j'ai su exercer à leur endroit une justice posthume. Nous admettons volontiers dans nos albums des portraits photographiés, sans que la physionomie, reproduite par ce procédé réaliste, réponde au type d'une beauté absolue et idéale.

6

M. Louis Sers est né à Bordeaux le 2 mars
1791, dans une famille protestante, apparte-
nant au haut commerce et liée avec les membres éminents de la fraction parlementaire qui
s'est immortalisée dans les fastes de la Répu-
blique française sous le nom du *parti des Gi-
rondins.*

L'un des frères aînés de l'ancien préfet du
Bas-Rhin était sous-préfet de Spire vers la fin
du premier Empire. C'est auprès de ce jeune
fonctionnaire que Louis. Sers fit son éduca-
tion; il fréquenta le gymnase de Worms, et
travailla dans les bureaux de la préfecture de
Mayence, sous Jean-Bon-Saint-André, alors
préfet du Mont-Tonnerre. La double influence
d'un frère et d'un ami paternel laissa dans
l'esprit et le caractère de M. Louis Sers une
empreinte indélébile. De bonne heure il fut
façonné à une vie de labeur assidu et initié
dans le maniement des affaires et des hommes. Par les écoles allemandes, il s'était fa-
miliarisé avec une langue étrangère; ses heu-
reuses facultés gagnèrent à ces études com-
mencées dans un autre pays que le sien. Il
ne perdit rien de sa vivacité méridionale, rien
de son esprit primesautier, rien de ses quali-
tés françaises, rien de son amour passionné
pour le sol natal; mais la connaissance de la
langue et de la littérature allemandes lui faci-

lita plus tard l'entrée d'une carrière brillante
en Allemagne même ; elle lui valut des succès
littéraires, des amitiés honorables, haut pla-
cées, et des moyens d'existence à Paris, pendant une époque de transition. Dans l'âge
mûr, elle devint pour lui une source de jouissances et d'un noble délassement.

M. Sers aimait les Allemands et leur sol ;
mais chez lui, c'était un peu une affection de
conquérant. Il envisageait les départements
rhénans, annexés à la France impériale, comme
un domaine national ; je ne connais point
d'homme public, qui ait autant que lui, sous
le régime de Juillet, rêvé la reprise et l'incor-
poration de ces belles provinces. La posses-
sion de la rive gauche du Rhin était pour lui
un article de foi politique ; c'eût été, en 1840,
le comble de ses vœux d'être appelé à
Mayence ou à Cologne, pour réorganiser ces
départements, dépendance ou partie inté-
grante de l'Empire de Charlemagne. Sa cor-
respondance politique de tous les jours avec
le ministère de l'intérieur portait à cette époque le cachet de ce désir véhément. Pour faire
valoir sa thèse envers et contre tous, il avait
une inépuisable provision de raisons, emprun-
tées à une série d'idées très-diverses ; l'his-
toire, les mœurs, la religion lui fournissaient
tour à tour des arguments, et, en dernière

analyse, il s'arrêtait à la sentence : *sit pro ra-
tione voluntas.*

Les souvenirs de jeunesse tenaient évidemment une grande place dans ces convictions
presque passionnées, qui, dans le premier
moment, m'étonnaient de la part d'un homme
expérimenté, et déja dans la seconde moitié
de sa carrière ; plus tard seulement j'entrevis
toute sa pensée ; je compris que la gloire du
premier Empire ait pu imprimer au jugement
du préfet de 1840 un caractère qui n'était pas
toujours en harmonie avec le régime parlementaire et cauteleux de cette époque.

Le 30 août 1813, à l'âge de vingt-deux ans,
M. Sers fut envoyé à l'armée du Rhin, comme
adjoint aux commissaires des guerres. Il venait de faire pendant le printemps de cette
même année, comme officier, la campagne de
Lützen et de Bautzen. A Dresde, il avait trouvé
l'un de ses frères atteint du typhus ; il le fit
transporter hors de l'hôpital militaire dans
une demeure particulière, et il eut le bonheur de l'arracher à la mort. Jamais il ne me
parlait de ce séjour à Dresde et de ses char-
mants environs sans une émotion profonde ;
la ville et ses habitants lui apparaissaient sous
le mirage du souvenir ; le tableau du beau
fleuve, des collines et des montagnes se dé-
roulait de nouveau devant ses yeux avec le

coloris que lui prête une imagination de vingt ans; et à cette idylle se mêlait le souvenir des glorieux combats et de la grande bataille livrée dans la seconde moitié d'août aux environs de la capitale de la Saxe.

La satisfaction du jeune commissaire des guerres ne fut pas de longue durée. Pendant la retraite, il tomba entre les mains des Russes et leur échappa miraculeusement, à *trois* reprises, grâce à sa connaissance parfaite de la langue allemande et du pays. En dernier lieu il réussit à ne pas se laisser reprendre. Cette fuite, lorsqu'il la racontait, avait l'intérêt d'une petite Odyssée. Il traversa le Rhin, si je ne me trompe, entre Worms et Spire, au cœur de l'hiver, dans une pauvre petite nacelle, au milieu des glaçons, que charriait le fleuve débordé. Déjà le Palatinat était envahi et occupé par les troupes alliées. Nous sommes dans les premiers mois de 1814. A travers des péripéties multiples, l'intrépide officier parvint à rentrer dans la vieille France et à rejoindre le petit noyau de l'armée impériale près de Laon. Il assista à l'héroïque lutte des dernières semaines de mars. Après l'abdication de Fontainebleau, il rentra dans la vie civile.

Sa physionomie spirituelle, le nom de sa famille, sa connaissance des langues modernes, le recommandèrent au prince de Talley-

rand, qui l'emmena comme troisième secrétaire d'ambassade au Congrès de Vienne. M.
Sers était, à cette époque, trop jeune, pour
avoir été initié à toutes les grandes affaires
qui se traitaient alors à l'ambassade de France;
cependant la part de confiance qu'on lui té-
moignait était assez grande, pour flatter son
amour-propre, s'il en a eu; mais il était à bonne
école, à côté des Dalberg, des Noailles; et
cette école lui a profité pour la vie. Je n'ai
guère connu d'homme cuirassé comme lui
contre la vanité, et impitoyable à l'endroit de
défauts, qui font le malheur de tant de petits caractères. Pendant les sept mois passés
dans la capitale de l'Autriche, M. Sers com-
pléta ses études littéraires, observa, tout no-
vice qu'il fût, les hommes et les faits sociaux,
qui se produisaient devant lui. Son amabilité,
sa finesse naturelle, son assiduité au travail
lorsque les circonstances l'exigeaient, lui va-
lurent l'amitié dévouée de M. de la Bénar-
dière, premier secrétaire d'ambassade, qui
était le rédacteur habituel des dépêches offi-
cielles du prince. M. Sers apprit, dans ce
contact journalier avec l'un des plus habiles
interprètes de la diplomatie écrite, à expri-
mer avec une étonnante rapidité toutes les
nuances de la pensée. Comme préfet, non-
seulement il ne se piquait point d'être homme

de lettres ; il dédaignait ou affectait de dédaigner le talent d'écrire, quoiqu'il eût à sa disposition, toutes les fois qu'il voulait s'en donner la peine, un style à la fois précis, incisif et riche d'images.

Avec les Cent-Jours, il rentra en France. Vers la fin de 1815 il avait un instant été destiné à faire partie, comme premier secrétaire, de la légation de Rio-Janeiro ; je ne sais ce qui lui fit manquer cette carrière ; bref, il dut chercher, pendant quelque temps, des ressources dans sa plume élégante et facile ; il fit des traductions de l'allemand et fournit, en collaboration avec Bayard et Melesville, des canevas de pièces de théâtre ; puis il utilisa ses loisirs par des travaux plus sérieux, en traduisant les orateurs du Parlement anglais, à partir de l'époque de Pitt et de Fox. Ces calques fidèles des discours politiques de l'Angleterre, pendant les années où l'éloquence parlementaire était aussi, chez nous, l'une des premières puissances de l'État, mirent M. Sers en rapport avec M. Decazes, qui en fit le chef de son cabinet.

A Vienne, M. Sers avait appris à connaître les rapports internationaux ; de cette école de la grande diplomatie, il avait gardé une prodigieuse souplesse d'esprit, et il éprouvait, comme préfet du Bas-Rhin, le désir incessant

d'étendre son action , sa part d'influence, au
delà des frontières de son département. Placé
à Paris auprès du jeune ministre de la police,
qui devait bientôt, comme ministre de l'intérieur, révéler à la France et à l'Europe un
homme d'Etat éminent, M. Sers put étudier le
rouage de l'administration d'un grand pays.
Son patron le fit nommer sous-préfet de Cou-
lommiers, en février 1819 ; de là, M. S rs
passa en qualité de secrétaire général dans le
département de la Manche (septembre 1820).
A Saint-Lô il se trouva en rapport avec un
préfet, homme de beaucoup d'esprit, de goût
et de savoir, avec le comte d'Estourmel, qui
s'est fait, dans un âge avancé, un renom de
touriste et de dessinateur par son voyage en
Terre-Sainte et en Egypte. M. d'Estourmel
abandonnait le soin des travaux publics à son
jeune collaborateur, qui appliquait dès lors
toutes ses facultés à la partie pratique et utili-
taire de ses fonctions.

En juillet 1826, M. Sers fut nommé sous-
préfet à Châlons-sur-Saône; il s'y trouvait, à
ce que l'on m'assure, placé sur un terrain
d'une extrême difficulté, où son esprit fin et
conciliateur lui rendit d'excellents services.

C'est comme sous-préfet de Châlons qu'il
eut l'honneur de recevoir chez lui, à la date
significative et fatale du 27 juillet 1830, Mad.

la duchesse d'Angoulême, qui revenait des eaux de Vichy et devait retourner à Saint-Cloud. Le roi et M. de Polignac s'étaient bien gardés de la mettre dans la confidence du coup d'Etat; on l'avait même écartée à dessein, pour ne pas rencontrer des objections, et peut-être une résistance opiniâtre. La malheureuse princesse avait une grande indépendance de jugement; avant de quitter Paris, elle avait dit, en propres termes, au duc de Polignac, que son nom avait toujours porté malheur à la famille royale, et qu'il en serait de même à l'avenir. A Châlons-sur-Saône, où elle était arrivée, accompagnée de M. le comte de Puymaigre, préfet du département de Saône-et-Loire, elle avait encore, en bonne conscience, pu donner l'assurance au sous-préfet, qu'il n'y aurait point d'ordonnances pour modifier la Charte. Peu d'heures après, le courrier vint donner un démenti à ses paroles.

Après la révolution de Juillet, M. Louis Sers rentra pendant quelques mois dans la vie privée; mais cette retraite commandée par une délicatesse, que je n'ai pas besoin de relever, ne pouvait durer indéfiniment. Les amis du duc Decazes, les anciens amis et patrons de M. Sers, étaient au pouvoir. Les tendances franchement libérales et constitutionnelles de l'interprète des orateurs anglais devaient le rallier au régime de Juillet.. M. Sers commença par refuser la sous-préfecture de Tournon, puis il se laissa nommer à Compiègne (30 octobre 1830), où il trouva les affaires courantes arriérées à un point inimaginable. Je lui ai entendu dire qu'il mit la main sur des dossiers litigieux, qui remontaient au premier Empire, sans avoir reçu de solution. Il travailla pendant quatre mois, sans se donner une heure de repos, pour mettre à jour ces affaires arriérées. Sa constitution de fer résistait alors encore à des épreuves de cette nature.

Pendant ce séjour à Compiègne, il reçut de la part de ses anciens administrés des témoignages de confiance et d'affection, qui devaient l'encourager dans sa vie de labeur.

On le remerciait officiellement d'avoir, en juillet 1830, empêché le désordre ; on demandait au gouvernement qu'il voulût bien le nommer préfet de Saône-et-Loire. Dans les premiers jours de mars 1831, désigné pour la sous-préfecture de Rambouillet, il apportait au ministre de l'intérieur son refus, et se trouvait dans le cabinet de Casimir Périer, lorsqu'une députation, portant une lettre collective de tous les fonctionnaires et des notabilités de l'arrondissement de Compiègne survint, pour demander le maintien de l'administrateur, qui, dans un court espace de temps, s'était fait estimer et aimer. — « Vous voulez donc aussi nous faire une émeute, » lui dit le ministre en souriant. On le garda en effet à Compiègne, mais au mois de juillet de la même année, il passa, comme préfet, dans le département des Landes.

C'était un terrain vierge ; tout était à faire, tout à créer. M. Sers se précipita avec une ardeur encore toute juvénile dans une carrière, où il trouvait à la fin le libre emploi de ses facultés. Le défrichement du sol, l'exploitation rurale en grand, et, à cet effet, l'établissement de voies de communication pour donner une valeur aux terres par l'écoulement des produits, telles devaient être ses premières pensées. Son arrêté sur la « vicinalité » devint la base réelle, le principal élément de la loi de mai 1836. Il entreprit de faire sous ce rapport, pour les Landes, ce que Lézay-Marnésia s'était appliqué à entreprendre pour les cantons agricoles du Bas-Rhin, et pour les vastes terrains communaux que renfermait alors encore la basse Alsace. On ne laissa à M. Sers que le temps d'ébaucher son œuvre de pionnier et d'agronome. L'influence d'abord occulte, puis avouée d'un député de l'opposition neutralisa les projets de réforme intérieure de M. Sers. Le gouvernement sentit la nécessité de rallier ce député incommode, en donnant une autre destination au préfet. M. Sers, à peine depuis deux ans dans les Landes, fut envoyé à Montbrison. Son cœur saignait en laissant inachevés ses travaux de vicinalité ; mais dès lors, il avait conçu le projet de fixer sa retraite et de finir ses jours dans les Landes, cette Amérique française, où, sans passer l'Océan, un homme d'action, intelligent, dévoué aux intérêts sérieux de son pays, pouvait trouver l'emploi de ses forces dans l'exploitation rurale sur une grande échelle.

Dans le beau département de la Loire, M. Sers, au bout de peu de temps allait se trouver en face d'une terrible épreuve. A cette époque la ville de Saint-Etienne n'était que le chef-lieu d'arrondissement, mais elle écrasait par son importance industrielle et politique la ville qui servait de résidence au préfet. La révolte de Lyon, au mois d'avril 1834, provoqua celle de la population ouvrière de la Loire. Soixante-dix mille ouvriers arborèrent le drapeau de la rébellion ; ils annoncèrent hautement leur dessein de voler au secours de leurs camarades sur les bords du Rhône et de la Saône. A cette levée de boucliers, il s'agissait de tenir tête avec six cents hommes d'infanterie et soixante gendarmes ; il fallait avant tout empêcher la sédition de s'emparer de l'immense provision de fusils que contenait la manufacture d'armes de Saint-Etienne. Pendant six jours et six nuits le préfet fut constamment sur pied au milieu de cet effroyable tumulte. C'était un acte de guerre civile ou sociale, qui pouvait, dès cette époque, aboutir à un grand désastre. Que les ouvriers de Saint-Etienne fussent parvenus à s'armer et à marcher sur Lyon, le gouvernement de Juillet était ébranlé dans ses fondements. « Si vous êtes vaincu à Saint-Etienne, « écrivait M. Thiers, alors ministre de l'inté- « rieur, Lyon est perdu ; mais le gouverne- « ment du roi compte sur vous. » — « Si les « ouvriers arrivent à Lyon, répondit M. Sers, « c'est qu'ils auront passé sur mon corps. »

Il eut le bonheur d'arrêter ce formidable mouvement ; mais la surexcitation de la crise, l'impossibilité de prendre, pendant une longue semaine d'angoisse et d'incertitude, une seule heure de repos, ni de jour ni de nuit, cette fièvre incessante laissa des traces indélébiles dans l'organisme de M. Sers ; pendant de longues années des insomnies et des névral- gies chroniques ramenaient sa pensée sur ces journées cruelles, où la voix impérieuse du devoir avait parlé plus haut que le mouve- ment instinctif du cœur.

A la suite des événements de Lyon et de

2.

Saint-Etienne, M. Thiers voulut appeler le préfet de la Loire à la direction générale de la police. M. Sers refusa d'une manière nette et formelle. Le ministre de l'intérieur ne lui garda point rancune. « Je vous promets de respecter votre indépendance, » lui écrivit-il, « elle vous honore infiniment à mes yeux. »

Trois ans plus tard, le 21 juillet 1837, M. Sers fut appelé à la préfecture du Bas-Rhin; il arriva à Strasbourg, presqu'au moment de l'ouverture du Conseil général, dans le courant du mois d'août, et n'eut que le temps de prendre une connaissance superficielle des dossiers qu'il déposait sur le bureau des mandataires du département. Dès son entrée en fonctions, il donna une marque de bienveillance et de satisfaction à ses collaborateurs en sous-œuvre, en rendant témoignage de leur zèle et de leur intelligence devant les conseillers.

Le département du Bas-Rhin, ou plutôt la ville de Strasbourg, présentait au nouveau préfet des difficultés d'une toute autre nature que celles qu'il avait fallu combattre à Saint - Etienne. Ici, point de population compacte d'ouvriers, point de rébellion à main armée à craindre ; mais à cette époque une opposition municipale fortement organisée et nullement sympathique au gouverne-

ment de Juillet: une presse locale, vive et acé-
rée; une partie notable du corps électoral
animée d'un esprit d'indépendance très-mar-
qué; ces circonstances, sinon exceptionnelles,
du moins plus fortement dessinées qu'en
d'autres provinces, formaient une digue d'opposition, qu'il fallait ou tourner ou amoin-
drir tantôt par d'habiles concessions, tantôt
par des coups d'autorité. M. Sers étudia le
terrain avec beaucoup de soin et de perspica-
cité; il ne tarda pas à apercevoir le point par
lequel il pourrait avoir prise sur l'ensemble
de la population, et se faire accepter, par
tous, sans sacrifier l'autorité centrale.

Les travaux publics lui offraient ce terrain
neutre où il pouvait se rencontrer avec les
hommes de tous les partis, sans froissement,
et même dans des sentiments sympathiques.
La vicinalité, les cours d'eau, les canaux, les
chemins de fer dont on commençait à s'occu-
per, étaient pour M. Sers autant de points de
repère sur la longue et difficile route de conciliation qu'il s'appliquait à suivre. Dans l'ap-
plication de la loi du 21 mai 1836, il apporta
une prodigieuse activité. Bientôt le Kochers-
berg, ce canton agricole si riche, mais jusque-
là jeté comme un pays perdu entre deux
grandes routes de Strasbourg à Saverne, fut
sillonné par des voies de communication.

En ouvrant le Conseil général de 1845, le préfet pouvait affirmer que des centaines de mille prestataires employaient leurs bras à des terrassements, à creuser des fossés, à casser des pierres et à faire transporter les matériaux par de nombreux attelages.

Le canal de la Marne-au-Rhin, celui de l'Ill-au-Rhin, complétant celui du Rhône-au-Rhin, furent en grande partie exécutés pendant l'administration de M. Sers ; la rectification et l'endiguement du Rhin, le long de notre département, avancèrent considérablement pendant la même période décennale ; la navigation à vapeur, le pilotage, la batellerie, dont l'importance avant l'établissement du chemin de fer badois était considérable, furent un objet constant de son attention (1). — Dans un nombre considérable de communes rurales s'élevèrent des maisons d'école, des maisons communales, des presbytères , des églises ; mais le point culminant de l'ac-

(1) Je n'ai pas besoin de rappeler que pour la conception et l'exécution de ces travaux multiples, M. Sers était admirablement secondé par des ingénieurs tels que MM. Couturat, Legrom, Schwilgué, Coumes, Guerre, etc., que son accueil sympathique électrisait.

Il eut aussi la satisfaction de voir signer en avril 1840 le convention entre la France et le grand-duché de Bade, pour la délimitation du thalweg.

tivité du préfet, ce fut l'agitation pacifique provoquée par lui, pour arracher au gouvernement le projet de loi qui devait relier Strasbourg par un chemin de fer direct à Paris.

La ligne de Strasbourg à Bâle avait été étudiée et exécutée de 1837 à 1841 ; après l'ouverture complète de cette nouvelle voie de communication, une vie inusitée sembla circuler dans le pays ; ce fut un élan de joie universelle ; le mouvement matériel et moral provoqué par cette fabuleuse vitesse appliquée aux hommes et aux marchandises, entraînait les imaginations, séduisait par les perspectives d'un avenir inconnu et prospère. M. Sers s'empara de ce mouvement et le dirigea vers une entreprise bien autrement considérable que celle de la modeste ligne de Strasbourg aux frontières de la Suisse.

Dès le mois de février 1841, il avait fait élaborer dans son cabinet un mémoire étendu, détaillé, sur le développement rapide des voies ferrées en Allemagne et sur l'impérieuse nécessité qui en résultait pour la France unitaire de ne point se laisser dépasser par la Confédération germanique, fractionnée en une trentaine d'États grands et petits, mais d'accord pour la première fois dans la construction de ces routes ingénieuses, qui triplaient partout la valeur des immeubles et l'activité de l'industrie. Pour appuyer plus vivement les considérations politiques, stratégiques, nationales, commerciales, qu'il faisait valoir en faveur de son projet, il provoqua dans toutes les communes, grandes et petites, de son département ,des pétitions, des souscriptions bénévoles, des offres de concours. Des Commissions avaient été nommées dans les chefs-lieux d'arrondissement pour étudier la question sous toutes ses faces; l'administration municipale de Strasbourg, électrisée par ce projet, adopta, développa les vues de l'administrateur départemental; le Conseil général fut convoqué extraordinairement en décembre 1841 pour émettre un vote, et son vice-président, M. de Schauenburg, qui remplaçait alors le titulaire, M. Humann, que ses devoirs de ministre retenaient à Paris, M. de Schauenburg, en réunissant dans un banquet solennel ses collègues du Conseil et les membres de la Commission centrale formée à Strasbourg par le préfet, put proclamer et prédire le succès infaillible de cet élan patriotique d'un demi-million d'habitants.

Si les exploits guerriers sont de nature à frapper davantage les masses, il faut cependant accorder aussi une part d'heureuse influence à ces œuvres pacifiques qui sont de nature à faire éclater un généreux enthousiasme et à provoquer des jouissances et des joies auxquelles les larmes ne se mêlent jamais.

Le discours par lequel le préfet avait ouvert cette session extraordinaire et mémorable du 6 décembre 1841, est un modèle d'éloquence administrative, en même temps que l'exposé lucide des faits qui avaient précédé cette réunion, et l'annonce prophétique de l'avenir qui attendait la création des voies ferrées. — M. Sers ne se trompait que sur un point. Après les pertes récentes et considérables que venait d'éprouver la Compagnie du chemin de fer de Bâle à Strasbourg, il lui semblait que le gouvernement seul serait de force à entreprendre les grandes lignes. En disant que *l'Etat avait couvert du manteau de sa munificence les fautes de ses enfants*, il ne prévoyait point l'essor que prendrait le crédit public après 1851 ; mais il devinait à coup sûr les changements qui allaient s'opérer dans les habitudes sociales, dans les mœurs, dans l'économie politique. — « Les mœurs patriarcales du foyer domestique y perdront sans doute », disait-il dans le même discours ; « mais l'homme, poussé vers une activité et vers des destinées inconnues, ne peut se soustraire à cet avenir ; les gouvernements sont préposés pour le diriger dans cette route incertaine, pour régulariser sa marche et empêcher ses écarts ; ils ne sauraient, sans se briser, apporter des entraves à ce flot qui nous entraîne tous, et dont le cours doit être sagement endigué, mais qu'aucune puissance n'arrêtera. »

La conclusion financière du rapport s'est fort heureusement trouvée inutile, puisque l'Etat renonça plus tard à tout concours départemental.

Le vote du Conseil général n'avait pas mis une fin subite à toutes les tribulations. Avant que la loi du 11 juin 1842, qui prescrivait la construction du chemin de fer direct, ne fût votée, il avait fallu soutenir une lutte contre des intérêts de clocher et contre les raisonnements d'une stratégie pédantesque, qui affirmaient que le chemin de fer direct, trop rapproché de la frontière du Nord, courrait de grands dangers en temps de guerre, et qu'il fallait, en prévision d'une semblable éventualité, le diriger par Mulhouse et Dijon. C'était allonger le parcours de plus de moitié. Heureusement ces objections ne l'emportèrent point sur le bon sens, et sur les intérêts réels des populations échelonnées entre le Bas-Rhin et la capitale. Le projet de chemin de fer circulaire, d'abord fortement patroné dans les hautes régions, tomba sous la risée du public, après avoir tenu en suspens des hommes sérieux dans les deux Chambres. L'administration de M. Sers, vivement appuyée par le Conseil municipal de Strasbourg, put revendiquer, à bon droit, la bonne part de ce succès.

M. Sers ne bornait pas, unilatéralement, son activité aux travaux publics. L'instruction primaire et la propagation de la langue française parmi les jeunes générations rencontraient chez lui un patronage actif; mais il ne voulait pas unilatéralement l'usage du français. Renoncer à l'allemand, qui s'apprend dès le berceau, et qui peut fournir un instrument de développement de plus, lui eût tout simplement paru absurde. — Il contribua très-activement à la fondation de l'école normale des jeunes institutrices protestantes et encouragea par de fréquentes visites cet établissement naissant.

Les graves questions du paupérisme le préoccupaient; de toute manière il favorisait les émigrations en Algérie et en Amérique; il étudiait assidûment les questions pénitentiaires. Lorsque le maire de Strasbourg, M. Schützenberger, méditait l'établissement de la colonie agricole d'Ostwald, le préfet l'encourageait, lui en facilitait les voies et moyens. — Les jeunes détenus, dans la maison de

correction, furent, pendant son administration, répartis entre six ou sept ateliers, pour
apprendre des métiers; et au printemps de
1847, une première fournée de ces enfants fut
conduite, en pleins champs, dans la colonie
fondée par le maire cinq ans auparavant. Cet
essai de culture par les jeunes détenus, qui
dans le principe avait semblé très-chanceux,
réussit pleinement.

Toutes les fois qu'il s'agissait de patroner
une œuvre de charité, M. Sers s'y appliquait
avec une vivacité, une ardeur, qui prouvaient
de reste que les soucis ou les déboires des
affaires n'avaient point étouffé les généreux
instincts de son cœur. Il payait d'exemple. A
peine la nouvelle des terribles inondations du
Rhône était-elle parvenue à Strasbourg (en no-
vembre 1841), que le préfet, sans s'arrêter au
moyen banal des circulaire sou des arrêtés pour
provoquer des souscriptions, et sans prendre
d'autre conseil que celui de ses sentiments de
chaleureuse commisération, fit immédiatement rédiger un récit détaillé de l'épouvan-
table désastre qui venait de frapper tous les
riverains du grand fleuve méridional. Il pres-
crivit la lecture de ce rapport tragique du
haut des chaires des églises, et dans les salles
des mairies. On vit alors se produire dans la
sphère de la charité ce qui, peu 'e mois au-

parayant, avait remué, électrisé les esprits
dans le Bas-Rhin, lorsque le préfet avait fait
un appel au concours de tous pour l'établissement du chemin de fer national. Les san-
glots éclatèrent dans les maisons de Dieu, et
les dons en nature, en argent, affluèrent au
delà de toute prévision. Au bout de quelques
jours, le préfet put transmettre à son collègue
du Rhône, à Lyon, le premier produit de cette
fraternelle collecte, et recueillir des expres-
sions de gratitude, qu'il transmit à son tour
avec une expansion de joie à peine contenue
à ses administrés.

En 1846, le même fait se reproduisit pour
les inondations de la Loire, qui ne furent pas
moins terribles que celles du Rhône. Le mé-
rite des contributions volontaires était d'autant plus grand, que Strasbourg et les campagnes de l'Alsace commençaient à ressentir les
suites d'une disette qui, dans l'hiver de 1846
à 1847, menaça, un moment, de dégénérer en
famine.

Dans cette circonstance, je me trouvai en
désaccord avec les prévisions de M. Sers, qui
était ou voulait être optimiste, et s'efforçait,
par devoir de position et par la pente naturelle de son esprit, d'atténuer la gravité de la
crise. — J'étais resté, à trente ans de distance,
sous l'impression de la cruelle disette de 1816

et 1817. Quoique à peine sorti de l'enfance à cette époque néfaste, le souvenir des inquiétudes qui avaient alors gagné les plus insouciants, le souvenir des privations que les riches même commençaient à s'imposer, me revenait malgré moi, et je ne cachais point mes craintes. Fort heureusement le manque de subsistances et le prix des denrées n'atteignit pas à la moitié des prix fabuleux de 1817 (1); cependant le mal fut assez grave, surtout dans les campagnes et les vallées des Vosges, pour nécessiter des mesures exceptionnelles. Dès que M. Sers se fut rendu compte de l'étendue des souffrances et des éventualités qui pouvaient se présenter, loin de se décourager, il sut se multiplier, électriser les maires pour la répartition des secours, la distribution des vivres et de soupes à prix réduit. A Strasbourg, l'administration municipale décida l'achat de blés d'Odessa sur une grande échelle, pour se mettre en état de fournir, aux classes pauvres, du pain à prix réduit. Ces opérations difficiles avaient donné lieu, dans le principe, à des dissentiments entre la préfecture et la mairie; mais le devoir qu'il s'agissait de remplir en commun étouffa

(1) Au delà de 100 fr. l'hectolitre de blé ; 20 à 25 fr. le sac de pommes de terre.

bientôt ce désaccord passager; l'on parvint à gagner la bonne saison et l'espérance d'une meilleure récolte sans avoir eu à déplorer des accidents tragiques, tels qu'il s'en produisit dans plusieurs départements du centre et qui furent les indices avant coureurs de la Révolution de février.

Ce n'était pas là, au surplus, la seule difficulté majeure, que M. Sers eut à surmonter pendant son administration décennale. La question délicate, complexe des églises mixtes ou du *simultaneum*, vint assombrir, pour le préfet, à partir de 1843, un horizon qui avait été pour lui si riche de promesses et de jouissances légitimes pendant les premières années de son séjour dans le Bas-Rhin. Je ne veux point renouveler et rappeler ici en détail les pénibles discussions sur la co-jouissance du chœur entre les deux cultes. Mes convictions à ce sujet ont radicalement changé; je ne crains pas d'avouer que j'étais, il y a vingt ans, quant à la possibilité d'une conciliation, dans une illusion complète. M. Sers, comme administrateur impartial, devait vouloir le maintien de l'état de choses tel qu'il avait été établi depuis des temps immémoriaux; il devait vouloir le maintien des articles du traité de Westphalie. Mais cet état de chose semblait intolérable aux catholiques fervens. La reserve du chœur, comme sanctuaire, étant pour eux un article de foi, il n'y a d'autre solution possible que la construction d'églises nouvelles pour séparer les deux cultes dans toutes les communes où l'espace trop restreint de l'intérieur d'un temple ne permet pas de réserver l'abside exclusivement pour le service de la messe.

Des conflits pénibles, surtout à Baldenheim et à Gundershoffen avaient eu un triste retentissement jusqu'à Paris. Les passions locales, des questions d'amour-propre personnelles, des antipathies individuelles, les journaux, les pamphlets, avaient contribué à envenimer des discussions et à faire de ces question de dogme ou de réglementation intérieure un sujet d'agitation sérieuse et incommode. Dans l'arrondissement de Wissembourg, cette querelle byzantine fut la cause du déplacement d'un sous-préfet, fort aimé, fort estimé, mais qui avait eu le tort généreux de mêler des convictions personnelles à des affaires d'administration, qui exigent le calme le plus complet, je dirai presque l'indifférence dogmatique de l'arbitre.

La sérénité de M. Sers ne fut que passagèrement troublée par ces incidents, qui donnaient lieu, dans l'intimité, à des discussions historiques ou confessionnelles, c'est-à-dire à une occasion d'élucider, si possible, des questions confuses ; c'étaient des joûtes, des exercices de gymnastique intellectuelle.

Antérieurement à cette agitation, provoquée par la lutte entre les deux cultes, il avait fallu faire face, en 1841, à une question presque aussi grave, à celle de la répartition de l'impôt. Dans la biographie du maire de Strasbourg, j'ai rendu compte de cette crise locale, qui devint, comme la question des subsistances, l'occasion d'un dissentiment passager entre l'administration départementale et celle de la mairie de Strasbourg. Je n'ai garde d'y revenir ici en détail. L'attitude de la préfecture fut approuvée par le ministre des finances, par M. Humann, qui ne pouvait admettre que l'on fît d'une affaire d'équitable distribution des charges publiques une question politique. Le maire de Strasbourg, tout bouillant encore d'ardeur juvénile, y voyait, de son côté, un acheminement vers une aggravation des charges locales ; appuyé par ses collègues du Conseil, il avait provoqué une délibération que le préfet annula par un arrêté.

J'ai hâte d'abandonner le terrain ingrat des discussions qui réagissaient en ce temps-là sur moi comme l'eussent fait des questions personnelles. Il me tarde de rappeler encore une inappréciable qualité de M. Sers, celle de sa fibre sympathique pour les souvenirs de l'ancienne Alsace et pour les mœurs de la bourgeoisie, au milieu de laquelle il était appelé à vivre. En arrivant en Alsace, il n'avait pas tardé à deviner que c'était là un levier puissant pour exercer une bonne influence, pour remuer les masses de la population et se faire accepter lui-même comme s'il avait été un enfant du pays. Lezay-Marnésia avait, le premier, donné cet exemple et cette impulsion. Pour M. Sers, qui parlait l'allemand, la moitié du chemin était déjà faite, sans effort, naturellement; ses goûts personnels étaient simples, et il cherchait, sans calcul, à se ménager des affections plutôt dans les classes moyennes, que dans les rangs de l'aristocratie d'ailleurs très-clairsemée en Alsace. C'était peut-être là, sans qu'ils s'en rendissent compte eux-mêmes, la cause et l'occasion des dissentiments passagers entre le préfet et le maire qui, par une coïncidence vraiment singulière prirent, l'un et l'autre, en même temps, les rênes du département et du chef-lieu, et qui les cédèrent presque le même jour (1). Le préfet et le maire ambitionnaient, avec raison, la

(1) M. Sers fut préfet du Bas-Rhin depuis juillet 1837 jusqu'au 26 février 1848 ; M. Schützenberger, maire de Strasbourg, depuis avril 1837 jusqu'au 2 mars 1848.

faveur publique ; et lorsque M. Sers parlait des allures du « bourguemestre de Strasbourg », on entrevoyait dans cette innocente ironie le fond d'une pensée, qui cumulait volontiers, avec l'autorité, les jouissances de la popularité.

Lorsque je fus présenté à M. Sers, par le maire, dans les derniers jours de décembre 1839, ce qui me frappa de prime abord, chez lui, ce fut son air de commandement, tempéré toutefois par un sourire plein d'aménité et de bonté. Il détailla les devoirs qui m'attendaient et me questionna sur mes études et mes occupations antérieures. Au sortir du cabinet du préfet, le maire me rassura sur l'impression que j'avais produite, et, dans une seconde entrevue, mon futur chef me témoigna en effet une satisfaction anticipée, qui me donna bon courage. — « Vous pourrez, me dit-il, avec un abandon plein de confiance, vous pourrez adoucir bien des chocs entre la préfecture et la mairie. » — Quelque flatté que je fusse de cette démonstration, j'en eus peur immédiatement ; je vis combien ma position serait délicate entre les deux autorités, et je ne m'en tirai dans la suite que par une franchise absolue vis-à-vis de l'un et de l'autre de ces deux fonctionnaires, toutes les fois qu'elle était possible, par la réserve ou le si-

lence, lorsqu'ils étaient nécessaires, et en pre-
nant la défense de l'absent, toutes les fois
qu'il était attaqué.

M. Sers n'aimait point ce qu'il appelait la
paperasserie administrative, et au fond, il attachait une médiocre importance aux archives
anciennes et modernes. Il lui importait bien
plus de me voir prendre part, au besoin, en
amateur à la rédaction du journal de la préfecture et à l'étude des affaires multiples,
qu'il réservait au cabinet. Cependant, dès notre première entrevue. il m'engagea beaucoup
à publier des chartes historiques qui auraient
quelque intérêt pour l'Alsace et pour Strasbourg; il pressentait parfaitement que le public alsacien et le Conseil général verraient
avec plaisir les études de l'archiviste appli-
quées à des travaux de cette nature. Non-
seulement je suivis son conseil presque immédiatement après mon entrée en fonctions.
Je devançai d'une douzaine d'années les ins-
tructions ministérielles sur la confection des
inventaires, et j'eus la satisfaction par des
rapports annuels et par des tournées dans les
archives communales, de donner un peu de
relief à nos anciens dépôts, qui avaient jus-
que-là intéressé tout au plus quelques éru-
dits. M. Sers m'en sut gré, tout en me pour-
suivant de ses plaisanteries spirituelles et ami-

cales sur la manie des vieux parchemins, que je dépouillais dans les moments de répit et de loisir.

La confection de la carte géologique du Bas-Rhin par M. Daubrée fut chaudement patronée par lui ; il y intéressa le Conseil général, il donna au jeune savant, auteur de ce beau travail et d'un volume de commentaire, des preuves matérielles d'intérêt, en associant le département, par la voie de ses mandataires, à l'édition et à la propagation de l'œuvre.

Au sein du Conseil général il s'était fait des amis dévoués, dont la chaude et active affection le suivait dans l'intimité du foyer domestique. A plusieurs reprises, pendant son sejour dans le Bas-Rhin, la mort vint frapper des membres de cette assemblée qui lui étaient chers, au titre de collaborateurs et de conseillers ; pour rendre hommage à leur mémoire, il trouvait des accents, dictés, on ne peut s'y méprendre, par un cœur fortement ému. Les paroles d'adieu qu'il adressait à M. Florent Saglio étaient celles d'un ami fraternel. J'ai été témoin du premier moment de sa consternation, lorsque, dans l'automne de 1842, il rentra, en m'annonçant qu'une paralysie mortelle venait de frapper son frère d'armes, « cet esprit fin et conciliant, cet « homme de bien qui savait remplir auprès

« du ministre des finances (M. Humann) le
« rôle d'un bienveillant conseiller, adoucir
« pour lui et pour les autres les rudes accès
« du pouvoir. »

Lors de l'ouverture du Conseil général de
cette même année si mémorable, M. Sers
avait jeté un coup d'œil rétrospectif sur la
carrière laborieuse de l'éminent ministre, que
la France avait perdu peu de mois auparavant. « La mort, s'écriait-il, a trouvé M. Humann la plume à la main, établissant la balance des ressources financières du pays, calculant les améliorations que ses soins y
avaient apportées et y apporteraient encore...
La pensée incessante du devoir le fortifiait
contre les plus grands dégoûts du pouvoir. »

A cette éqoque je n'avais pas encore acquis
une expérience suffisante des hommes et des
affaires pour comprendre toute la portée de
ces paroles, et la tristesse dont elles portaient
l'empreinte. Il a fallu que la catastrophe de
février vînt refouler, sous mes yeux, dans la
vie privée, et presque dans l'oubli, cet homme
encore si jeune d'esprit, et pour me faire toucher du doigt les déboires auxquels le préfet
faisait allusion. M. Sers rentra dans l'obscurité, sans proférer une seule plainte sur son
propre sort ou son avenir ; la seule appréhension qu'il manifesta pendant le peu de semai-

nes passées à Strasbourg, après avoir été dé-
possédé du maniement des affaires départe-
mentales, portait sur l'avenir de la France
et de l'Alsace qu'il aimait d'une affection
filiale et désormais toute platonique.

Le dernier acte de grande administration
publique auquel il apposa son nom, à la fin
de janvier 1848, ce fut le traité international
entre la France et la Bavière pour la construction d'un chemin de fer qui allait relier
Strasbourg au Palatinat et à Mayence. Cet acte
complétait dignement la série des opérations
majeures auxquelles le nom de M. Sers reste
associé pour l'établissement des chemins de
fer alsaciens, dans la direction de l'Est, du
Midi et du Nord ; pour l'établissement et l'a-
mélioration de deux grands canaux et d'un canal de jonction ; enfin pour la navigation et la
régularisation du Rhin.

Il ne lui a pas été donné de voir l'exécution
et l'ouverture du chemin de fer de Paris. Pendant les solennités qui signalèrent cet événe-
ment, le nom de l'ancien préfet, premier pro-
moteur de cette gigantesque entreprise, fut
prononcé en silence par quelques amis ; mais
il ne faut point se le dissimuler, ces grandes
conquêtes de l'industrie de l'homme sur la
matière, sur le temps et sur l'espace, s'ac-
complissent comme la prise d'une redoute ou

d'une forteresse ; on ne voit que le résultat , que le drapeau planté sur le rempart ; les combattants les meilleurs restent dans les fossés, la plupart du temps inconnus et oubliés.

Le souvenir des dernières semaines , des dernières journées passées par M. Sers à la préfecture du Bas-Rhin m'ont laissé une sinistre impression qui ne s'effacera de ma vie. Je préfère les couvrir du voile de l'oubli. Ces temps sont trop rapprochés de nous ; les cendres de ce feu à peine éteint sont trop chaudes encore ; il n'appartient pas à ma main de les remuer.

M. Sers a passé les dix-sept dernières années de sa vie au milieu de ses terres des Landes, dans une solitude à peu près absolue ; il n'a plus revu cette Alsace qu'il avait tant aimée. Une rentrée furtive à Strasbourg lui aurait évidemment causé une cruelle émotion ; il n'y aurait plus rencontré les mêmes visages. Lorsque des séparations pénibles sont accomplies, lorsque le temps a fait sur vous, sur votre esprit et sur votre corps l'office du chirurgien de Charles XII, il vaut mieux, certes, laisser entre vous et le passé un abîme, et se préparer dans la retraite à la dernière séparation.

C'est ce que M. Sers a fait, en vrai philo-

sophe chrétien. Il est mort le 28 février 1865.
presque jour par jour, au dix-huitième anni-
versaire de sa retraite ; il venait d'accomplir
sa soixante-quatorzième année (1).

(1) M. Sers attachait peu ou point d'importance
aux distinctions honorifiques ; je ne puis cependant
me dispenser de rappeler ici qu'il était, depuis
1846, commandeur de la Légion d'Honneur et grand'-
Croix de l'ordre du Lion-de-Zæhringen (de Bade). —
Mad. Sers, qui a laissé d'excellents souvenirs dans la
société de Strasbourg, est morte quelques années
avant son mari. — Un fils et deux filles, dont l'une
mariée à l'un de nos compatriotes (M. Klein)
lui survivent Le fils de M. Sers était en dernier lieu
sous-préfet à Bayonne ; il a quitté les affaires publiques en décembre 1854, et vit, retiré à Pau.

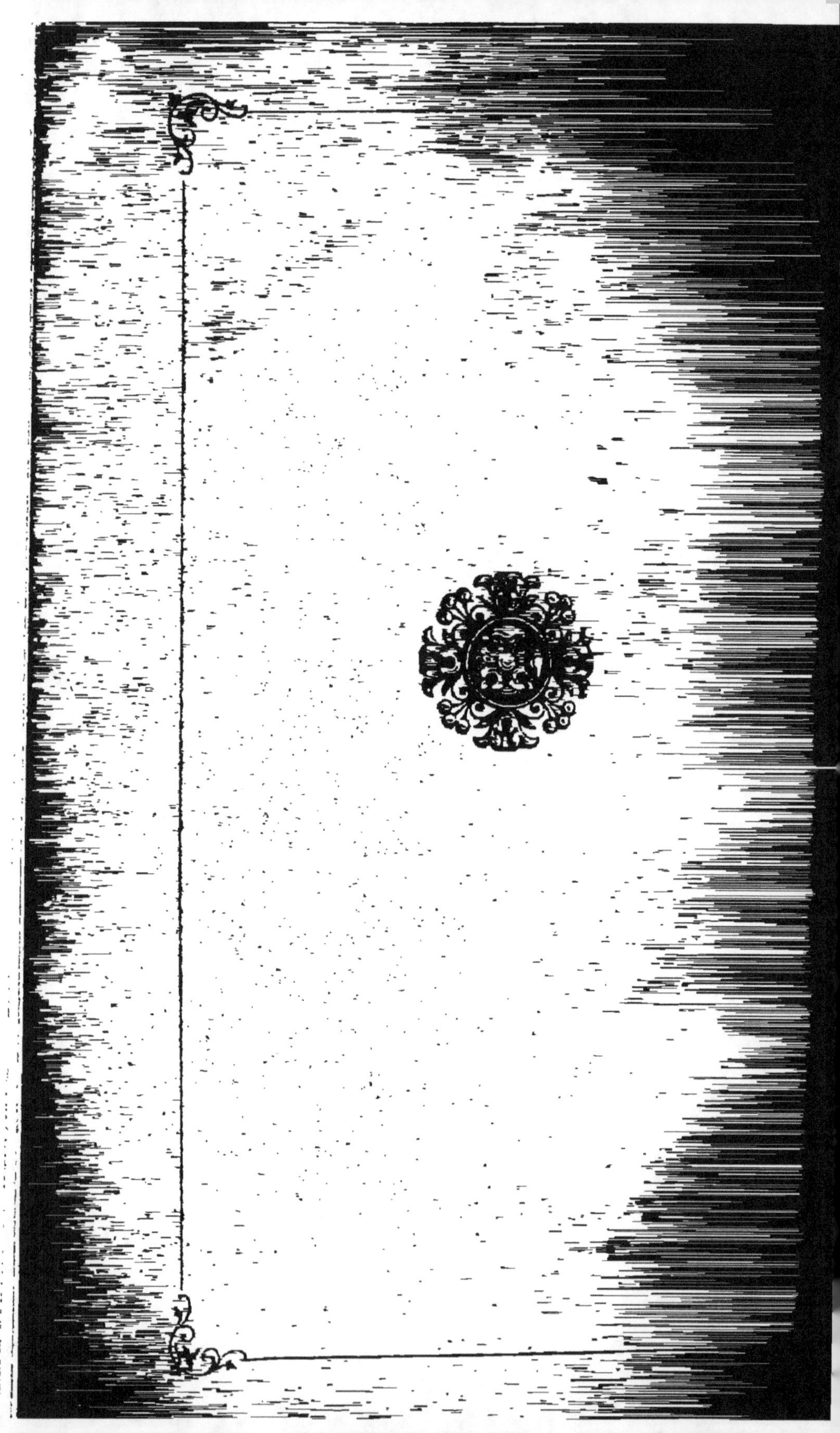

BIBLIOTHÈQUE NATIONALE DE FRANCE
3 7502 00972334 9